SON NOM EST PERSONNE

Claude Sureau

SON NOM EST PERSONNE

Avant de naître,
l'enfant est-il une chose,
un amas de cellules
ou un patient ?

Banc public / ALBIN MICHEL

Collection dirigée par Aalam Wassef

Aux agnostiques,
prêts à reconnaître l'humanité
de l'être humain prénatal,
qu'il soit embryon ou fœtus.

Aux croyants,
prêts à reconnaître la légitimité
et parfois la nécessité
de la transgression, de sa destruction,
quelque cruelle qu'elle apparaisse.

Les fœtus « oubliés » de l'hôpital Saint-Vincent-de-Paul

Le 2 août 2005, l'opinion publique, alertée par les plus hautes instances politiques et administratives (la directrice générale de l'Assistance publique-Hôpitaux de Paris, le ministre de la Santé et même le Premier ministre), apprend que 351 fœtus ou enfants morts viennent d'être découverts dans la chambre mortuaire de l'hôpital Saint-Vincent-de-Paul à Paris. Ils étaient apparemment oubliés de tous, et leur présence ne fut révélée qu'à l'occasion d'un changement de chef de service et surtout de la demande d'information d'une patiente ayant subi quelque temps plus tôt une interruption médicale de grossesse. La surprise fut d'autant plus grande que cet établissement et en particulier sa maternité sont connus pour la qualité des soins prodigués. Il s'agissait donc de corps de fœtus extraits à la suite d'interruptions de grossesse, effectuées d'ailleurs dans le strict respect des dispositions législatives, ou d'enfants décédés pour des raisons médicales diverses. Les plus anciens remontaient à une vingtaine d'années ; leurs parents avaient demandé leur incinération ou leur inhumation, et cette demande n'avait pas été suivie d'effet.

On comprend l'émotion des familles, des mères en particulier. **Cette nouvelle révélait un indiscutable manquement vis-à-vis d'une volonté parentale clairement exprimée**, dans le cadre des obligations du service public de santé ; elle ne pouvait surtout que réveiller les souvenirs douloureux des parents confrontés, plus ou moins longtemps auparavant, au traumatisme de la mort de leur enfant, qu'elle soit survenue à la suite d'une maladie ou de la découverte d'une malformation conduisant à une demande d'interruption de grossesse.

Cette émotion ne pouvait également que susciter angoisse et interrogations dans toutes les familles ayant eu recours aux soins de services de maternité ou de pédiatrie, dans d'autres hôpitaux. Une enquête immédiatement diligentée indiqua qu'il s'agissait d'un dysfonctionnement strictement local, lié aux particularités des relations structurelles entre la chambre mortuaire et le service d'anatomie pathologique de cet établissement, et du fonctionnement interne de celui-ci.

Cet événement et son retentissement considérable conduisent à s'interroger sur le « statut » juridique de ces corps que la vie a abandonnés et sur l'attention qui aurait dû être accordée au nécessaire respect de la décision parentale. Mais ils suscitent une autre interrogation, plus délicate encore: **lorsque ces fœtus étaient vivants, de quelle «catégorie» du droit relevaient-ils?** On sait qu'une longue tradition, volontiers affirmée comme remontant au droit romain (affirmation qui mériterait quelques nuances), divise le monde où s'applique la pensée juridique en deux grandes «catégories» (la *summa divisio*): celle des **personnes**, sujets de droit, et celle des **choses**, objets de droit [retrouvez ces distinctions p. 50]. Alors, où situer l'«être prénatal», qu'il soit embryon ou fœtus[1]? À cette question, la réponse ne peut être qu'incertaine, et quelques juristes le déplorent[2]. Plus la médecine de la procréation se développe et plus une réflexion renouvelée sur ce thème fondamental devient impérative, car il s'agit d'êtres humains en devenir, de leur nature et de leur avenir. **Qu'est-il, par ailleurs, cet embryon ou ce fœtus, au regard de la médecine**: un amas cellulaire ou un patient? Et pour

1. On le dénomme embryon pendant la période qui va de la fécondation au début du 3e mois. Cette phase de son développement correspond anatomiquement à la mise en place des ébauches des futurs organes. Le terme de fœtus s'applique à la période de différenciation et de développement des organes depuis le 3e mois jusqu'à la naissance.

2. Jean-Pierre Gridel, «L'embryon-fœtus en droit positif français», dans *Introduction au droit et au droit français*, Paris, Dalloz, 1994, p. 711-730.

les parents, qu'est-il d'autre que déjà un enfant, leur enfant ? Cet attachement et cette attention que ses parents lui accordaient, expliquent leur bouleversement devant la faible considération apportée à son corps, révélée par cette découverte. On ne saurait donc dissocier la réflexion sur ces fœtus morts d'une autre réflexion, certainement bien plus difficile, concernant l'« être prénatal », fœtus ou embryon, vivant. C'est cette réflexion qui est au cœur de mon propos.

Un « scandale médical » de plus ?

Il faut avant tout faire la part de la pénurie estivale d'informations ; il y eut aussi l'attirance quelque peu morbide de certains pour un « scandale médical de plus ». On entendit des appels à ce que « des têtes soient coupées », on évoqua la création illégale de « collections privées », des trafics de fragments de corps d'enfant, qui rappelaient fâcheusement la rumeur affirmant, il y a quelque trente ans, que par camions entiers des embryons étaient expédiés en Suisse pour alimenter l'industrie des cosmétiques. On prétendit même que ces corps avaient été l'objet de prélèvements destinés à l'obtention de **lignées cellulaires** [définies p. 96] réclamées par des chercheurs et que la loi française n'autorisait pas encore. Hypothèse d'autant plus absurde que les décrets d'application de la loi étaient en cours de publication et, surtout, que la conservation dans le formol excluait formellement une telle utilisation. Tout est bon à l'appui d'une idéologie et l'on ne saurait exclure quelques arrière-pensées destinées à renforcer la croyance en une biologie dévastatrice.

Du côté des politiques, la précipitation ainsi manifestée peut probablement être interprétée comme l'application du «principe de précaution» à la protection ministérielle, en raison de douloureuses expériences passées et de la crainte d'un défaut de transparence et d'action dans un domaine qui ne pouvait que susciter l'émotion.

Je n'ai pas à exprimer mon opinion sur les responsabilités encourues, une double enquête, judiciaire et administrative, étant en cours, mais avant d'envisager les considérations juridiques, médicales, et tout simplement humaines auxquelles peut conduire l'analyse de cette situation, et pour mieux les comprendre, il est utile de jeter un regard sur l'attention autrefois accordée à cet «être prénatal».

Le fœtus dans l'histoire de l'obstétrique

Quelle était sa place dans l'inconscient collectif de la société jusqu'au début du XIXe siècle ?

Elle était des plus réduites, même si tous avaient bien conscience que ce fœtus était à l'origine, éventuelle, d'un enfant à venir. **L'attention qu'on lui portait alors ne concernait pas tant sa santé, par définition précaire, compte tenu de l'effroyable mortalité pré et post-natale qui sévissait alors (et qui concernait aussi les mères), que son âme.** C'est ainsi que Francesco Emanuello Cangiamila, inquisiteur provincial du royaume de Sicile, soutint dans son livre *L'Embryologie sacrée*, publié à la fin du XVIIIe siècle, qu'en cas d'imminence supposée de mort d'une femme enceinte, quel que soit le terme de sa grossesse, son fœtus devait être extrait par toute personne présente à son chevet, médecin, chirurgien, sage-femme, ou curé de la paroisse... afin de lui administrer le sacrement de baptême et lui éviter ainsi un séjour éternel dans les « limbes ». Cette opinion n'était pas partagée par tous et avait suscité dans les milieux ecclésiastiques quelques réserves, mais elle fut encore en 1860-1861 l'objet d'un débat passionné au sein de l'Académie de médecine (il s'agissait de déterminer le délai dont on disposait pour extraire un fœtus après la mort de sa mère, afin éventuellement de le sauver, mais surtout de le baptiser).

L'un des participants à ce débat, Jacques Alexandre Le Jumeau de Kergaradec, qui n'était pas accoucheur, mais médecin[3], avait été à l'origine d'une prise de conscience majeure : celle de la vie prénatale et des dangers qui la menacent. Le mercredi 26 décembre 1821, à la tribune de l'Académie nationale de médecine, récemment

3. On dirait aujourd'hui « interniste ».

créée par Louis XVIII, il révéla, à une assemblée d'ailleurs médiocrement intéressée, l'existence des bruits du cœur fœtal et la possibilité de les capter en utilisant un stéthoscope, dérivé de celui de Laënnec. Il montra ainsi que cette auscultation pouvait renseigner sur la vie et la santé de cet « être prénatal » et, par voie de conséquence, conduire à des thérapeutiques efficaces. On peut, sans exagération, affirmer que ce fut là l'événement historique fondateur de la reconnaissance du fœtus comme «être vivant». Avant Kergaradec, le fœtus était un «produit de conception», un corps, un mobile, le «mobile fœtal», dont le blocage dans les voies génitales de sa mère pouvait provoquer la mort de celle-ci. Après Kergaradec, fort progressivement, bien trop lentement, il parvint à la conscience collective.

Il fallut attendre des dizaines d'années pour que ce concept pénètre les esprits, ceux des accoucheurs comme ceux des parents. D'autres progrès techniques y contribuèrent au xxe siècle : l'enregistrement, graphique ou sonore, de cette activité cardiaque au cours des années cinquante, puis l'échographie et l'ensemble du diagnostic anténatal qui en découla à partir des années soixante-dix. Alors seulement, malgré les critiques visant à discréditer une médicalisation jugée excessive de l'obstétrique (aux conséquences pourtant favorables en matière de sauvegarde de la vie et de la santé fœtales), **cet « être prénatal » acquit, pour les parents, pour le corps médical – accoucheurs et sages-femmes –, une présence, une signification, une espérance, une valeur, oserais-je dire une « personnalité », qu'il ne possédait pas auparavant.** Cette prise de conscience conduisit naturellement à accorder une attention particulière au corps du fœtus après sa mort (on notera, par exemple, les efforts entrepris à la maternité de l'hôpital Jeanne-de-Flandre, à Lille, pour que cette attention se manifeste dans les faits, en particulier en matière d'inhumation), attention dont le non-respect est à l'origine du « scandale de Saint-Vincent-de-Paul ».

En quoi a consisté ce « scandale » ?

Il convient tout d'abord de souligner que ce non-respect ne s'est traduit par aucune désinvolture à l'égard de ces corps. Ils étaient soigneusement classés, identifiés, répertoriés, et l'on a pu, d'ailleurs sans difficulté, retrouver leur origine et prévenir leurs parents. Il s'agissait en fait de la perpétuation, à la fin du xxe siècle, d'habitudes auxquelles personne ne trouvait rien à redire jusque-là ou auparavant. **Les objectifs poursuivis par cette conservation étaient de deux ordres : les contraintes de l'enseignement et la prise en compte de l'éventualité de recherches visant à** comprendre les raisons d'une malformation ou le mécanisme d'une maladie. Quelques exemples simples le démontrent aisément : lorsque, à la fin des années soixante, André et Joëlle Boué apportèrent la démonstration, capitale, de la responsabilité d'anomalies chromosomiques dans 60 % des fausses-couches précoces, leur étude porta sur de tels œufs abortifs. De même, l'analyse précise des relations entre certaines anomalies découvertes à l'échographie anténatale (avant la naissance) et les réalités anatomiques résulta de recherches pratiquées sur les corps de fœtus avortés ou d'enfants décédés. De telles études ne peuvent toujours pas être réalisées dans des délais courts, les services d'anatomie pathologique devant faire face à des demandes bien plus urgentes concernant des personnes vivantes pour lesquelles on attend, par exemple, le résultat d'une biopsie[4]. La conservation pour des analyses ultérieures est donc nécessaire. Il en va de même pour l'enseignement, et nombre de services hospitaliers, en obstétrique comme dans d'autres disciplines, pos-

4. Prélèvement d'un fragment de tissu ou d'organe pour une analyse au microscope.

sèdent des « musées » comportant pièces anatomiques ou moulages, dont on déplore d'ailleurs le médiocre entretien et la progressive disparition. Tout ceci traduit des motivations diamétralement opposées : d'un côté, les nécessités de l'enseignement et de la recherche (de plus en plus encadrée par des dispositions réglementaires précises), de l'autre, le respect légitimement accordé à l'être humain, y compris lorsqu'il s'agit d'un corps que la vie a abandonné, y compris lorsque cet être est un fœtus, y compris lorsque sa destruction a résulté d'une décision mûrement réfléchie et terriblement douloureuse de ses parents.

En l'occurrence, la mesure de cette évolution des mentalités n'a pas été prise de manière correcte à Saint-Vincent-de-Paul. On ne lui a pas attaché suffisamment d'attention. Certains articles de la loi du 6 août 2004 n'ont pas été respectés, pas plus qu'une circulaire de 2001[5] ; celle-ci a

5. Circulaire du 30 novembre 2001 définissant le devenir des corps.

d'ailleurs été parfois inexactement commentée : c'est en effet dans le délai de 10 jours après la naissance d'un mort-né que les parents doivent faire connaître leur décision, ce n'est pas le délai dans lequel l'incinération ou l'inhumation doivent être effectuées. Il est évident que la plupart des corps auraient dû être détruits ou enterrés ; **il est surtout évident que la volonté des parents, clairement exprimée, aurait dû être respectée** et l'on comprend leur émotion. On ne saurait pour autant évoquer un « nouveau scandale médical ».

Nous prêtons plus d'attention aux fœtus morts qu'aux fœtus vivants

Il me paraît urgent de mettre fin à cette situation. Je n'utiliserai donc pas le terme de « scandale », mais celui de « désinvolture ». On a vu plus haut l'attention légitime que notre société porte de plus en plus, et à juste titre, aux corps, qu'il s'agisse de corps d'enfants décédés ou de fœtus avortés. Comment expliquer que, parallèlement, s'installe une étonnante désinvolture à l'égard des corps des mêmes fœtus et embryons, alors qu'ils sont encore vivants ?

Ne pas tomber dans le piège de la remise en cause de la loi sur l'avortement

Je vois immédiatement surgir l'argument de la remise en cause de la loi « Veil » du 17 janvier 1975. Or mon propos ne vise en aucune manière à discuter de la légitimité de celle-ci ; en dépit des critiques, allusives ou explicites, je suis convaincu qu'elle fut et demeure fondamentalement nécessaire. On peut déplorer que le nombre d'IVG pour détresse demeure élevé (autour de 220 000 par an), ce qui d'ailleurs ne saurait être mis au passif de cette loi, mais plutôt d'un recours insuffisant à la contraception. On peut ne pas se rallier à la thèse du « droit à disposer de son corps et de son contenu » soutenu par divers mouvements féministes, et éprouver une forte réticence vis-à-vis de l'interruption de grossesse pour détresse alléguée. Cependant, on doit reconnaître que la loi Veil a quasiment fait disparaître les effroyables mortalité et morbidité maternelles qui, jusqu'en 1975, étaient la conséquence naturelle des avortements clandestins. Lorsque, dans les années cinquante, j'étais interne en chirurgie dans des hôpitaux comme La Salpêtrière ou Beaujon, il ne se passait pas de garde sans que nous n'assistions, désespérés, à la mort de malheureuses qui avaient cru pouvoir se débarrasser clandestinement d'une grossesse non désirée; et les survivantes en conservaient trop souvent des séquelles incurables. **En dépit des critiques, et l'on se souvient de leur virulence, la loi de 1975, confirmée en 1979, fut une loi bénéfique, du point de vue de la santé publique,** quelque regret que l'on puisse éprouver devant la destruction d'une vie. Malgré les oppositions qui s'expriment encore aujourd'hui, on ne peut accepter le recours à la violence, allant parfois jusqu'au meurtre aux États-Unis. On comprend bien le raisonnement de ceux pour qui une «éthique de conviction» doit être préférée à une «éthique de responsabilité»[6], mais on ne peut accepter, non plus, le recours à la contrainte législative pour imposer ses propres convictions à ceux qui ne les partagent pas. Le révérend père Riquet l'écrivit superbement en 1967[7], lors de la discussion de la loi Neuwirth sur la contracep-

---

6. Max WEBER, *Le Savant et le Politique*, 1919: «Les réponses éthiques se réclament de deux maximes totalement différentes et irréductiblement opposées: l'éthique de responsabilité et l'éthique de conviction.»

Dominique de Villepin: «L'éthique de la conviction, c'est le culte de la bonne conscience qui ne se soucie pas de prendre en compte les contraintes de la réalité, mais préfère s'en tenir toujours à la pureté des principes; l'éthique de la responsabilité bien comprise poursuit des objectifs moraux et des convictions fermes, tout en prenant en compte le réel.» Cette remarque ne concernait bien évidemment pas la gynécologie, mais la guerre en Irak; elle n'en demeure pas moins puissante et susceptible d'être appliquée à notre propos.

7. R. P. Riquet: «Il n'est pas question pour le chrétien d'imposer par le moyen de la loi un point de vue qui lui est propre.»

tion. Au demeurant, rappelons que la loi de 1975 n'est en aucune manière « contraignante », ni pour les femmes, bien entendu, ni pour les praticiens (article 18, clause de conscience, et article 47 du code de déontologie).

Éliminons donc sans hésitation de la discussion qui va suivre l'hypothèque de la remise en cause de la loi Veil; au risque de décevoir les militants anti-IVG, comme ceux qui invoquent ce risque pour tenter de maintenir une situation juridique aberrante.

La vie « prénatale » : embryon, fœtus non viable et fœtus viable

L'évolution de la vie de cet « être prénatal » depuis la conception jusqu'à la naissance, comporte trois étapes qu'il convient de distinguer :

1. La période « pré-implantatoire », concernant en particulier l'embryon *in vitro*, avant l'implantation de l'œuf dans l'utérus maternel au 7e jour.

2. La période comprise entre cette implantation et le début de la « viabilité fœtale » (22 semaines[8] ou 500 grammes).

3. Enfin, la période qui débute avec la viabilité fœtale et qui se poursuit jusqu'à la naissance.

---

8. Le calcul en semaines prend pour point de départ le 1er jour des dernières règles.

Qu'est-ce que la « viabilité » fœtale ?

Le lien est lâche entre la définition médicale de la « viabilité » et son appréhension juridique. **Pour un praticien, le fœtus « viable » est celui qui a des chances de survivre.** Ses chances sont évaluées d'après des données statistiques, modifiées en fonction des progrès de la médecine. Elles sont en outre modulées, dans chaque cas particulier, par l'obtention d'informations complémentaires, concernant l'état maternel, la survenue d'événements intercurrents[9] ou encore les pathologies associées et leur révélation par divers examens. C'est en se fondant sur tous ces éléments que sera prise ou non, par exemple,

9. Intercurrents : qui se produisent simultanément.

une décision d'extraction par césarienne. Or, lorsque nous, médecins, sommes interrogés par le juge [10] afin de déterminer si tel acte dommageable a été commis sur un fœtus viable ou non, notre réponse ne peut être le plus souvent qu'incertaine... Cette incertitude paraît difficilement compréhensible.

Autre exemple, plus démonstratif encore : un fœtus anencéphale, dépourvu de cerveau, ne peut survivre que quelques heures après sa naissance. C'est la raison pour laquelle même les moralistes les plus rigoureux acceptent l'interruption de la grossesse dès le diagnostic établi, si la mère le demande. Médicalement, il n'est donc pas « viable ». Il en va de même dans le cas de malformations cardiaques majeures. **Cependant, malgré l'annonce de sa mort certaine, pour le droit, il est « viable »**, pour la simple raison qu'il pèse au moins 500 grammes ou qu'il a atteint

10. Comme c'était parfois le cas avant les arrêts de la Cour de cassation dont il est fait mention plus loin.

quatre mois [11], ce qui correspond aujourd'hui aux normes internationales [12]. Cette attitude, que les praticiens ont parfois du mal à comprendre, est «logique». Elle est fondée sur la détermination d'un seuil objectif, l'âge, le poids et toute autre considération serait infondée. La «nécessité» de ce seuil s'explique alors: la destinée naturelle de l'homme étant la mort, tout nouveau-né vivant est par définition en sursis, de plus ou moins longue durée et, si aucun seuil n'était défini, tous seraient «non viables» puisque destinés à mourir.

Nous sommes donc conduits à retenir, du point de vue juridique, ce seuil de poids et d'âge, malgré ses imperfections cliniques.

---

11. Le calcul en mois prend pour point de départ la date probable de la fécondation.

12. Circulaire du 23 juillet 1993 se référant aux critères de l'OMS. On est assez loin de la définition donnée par Bigot de Préameneu, lors des travaux préparatoires à la rédaction du code civil: «C'est cette possibilité de parcourir la carrière ordinaire de la vie qu'on entend par l'expression "être viable".»

Le statut pénal de l'enfant à naître : des exemples concrets

Nous abordons ici un problème majeur qui peut être résumé de la manière suivante : pour le droit pénal, le fœtus vivant est, si j'ose m'exprimer ainsi, « l'inconnu dans la maison ».

Par le passé, plusieurs cours d'appel ont rendu des arrêts[13] tendant à attribuer la qualité de **« personne »** au fœtus, surtout viable, et donc à qualifier d'« homicide » sa destruction. On peut vraisemblablement dire que cette tendance recueillait l'approbation d'un nombre important de magistrats.

Néanmoins, malgré des réticences parfois vives, trois décisions fondamentales de la Cour

13. Amiens, 28 avril 1964 ; Douai, 2 juin 1987.

de cassation ont défini, certainement pour longtemps, la règle et ainsi établi la « sécurité juridique ». Le rappel de ces quelques cas est plein d'intérêt. Ils concernent des erreurs médicales ou des accidents de la voie publique.

Une patiente pour une autre

Le premier cas est celui d'une tragique erreur médicale, à Lyon : une confusion survint entre deux patientes, toutes deux vietnamiennes et aux noms très voisins. L'une devait subir un prélèvement de liquide amniotique pour un diagnostic prénatal, l'autre le retrait d'un stérilet. En raison d'un défaut de vigilance, du médecin comme du personnel infirmier, les actes furent intervertis. La tentative d'extraction du stérilet sur la patiente enceinte d'environ 4 mois et demi provoqua une rupture des membranes et rendit nécessaire, dans un second temps, l'interruption de la grossesse. La procédure remonta jusqu'à la Chambre criminelle de la Cour de cassation, qui, par son arrêt du 30 juin 1999, abandonna l'incrimination d'homicide involontaire du fœtus. Cette décision fut confirmée par un « arrêt de Grande Chambre » de la Cour européenne des droits de l'homme le 8 juillet 2004.

Le chauffard et la femme enceinte

Le deuxième arrêt concerne un accident de la voie publique, à Metz. Une conductrice enceinte de 6 mois, heurtée par un chauffard sous influence alcoolique et médicamenteuse, perdit son enfant. L'affaire remonta jusqu'à l'Assemblée plénière de la Cour de cassation, qui, le 29 juin 2001, repoussa l'incrimination d'homicide pour la mort de ce fœtus.

Un contre-exemple

Une position divergente avait pourtant été prise par la cour d'appel de Reims, le 3 février 2000, à l'occasion d'un autre accident de voiture ayant entraîné la mort d'un fœtus de huit mois ; mais cet arrêt n'ayant, curieusement, pas été frappé de pourvoi en cassation, la décision est devenue définitive dans ce cas particulier, sans que l'on puisse lui accorder une quelconque valeur jurisprudentielle.

Césarienne pour un enfant mort

Le troisième arrêt fondateur de la jurisprudence sur le statut pénal de l'enfant à naître a concerné une autre erreur médicale : un défaut de l'attention qui aurait dû être portée à l'enregistrement électronique du rythme cardiaque d'un fœtus dont la mère avait notablement dépassé le terme prévu, et qui était donc exposé à un risque majeur. Cette défaillance conduisit à négliger un symptôme caractéristique. Le médecin ne fut donc pas prévenu à temps par la sage-femme et mit au monde par césarienne un enfant mort. L'arrêt de la cour d'appel de Versailles fit l'objet d'un pourvoi en cassation et la Chambre criminelle, le 25 juin 2002, abandonna, une fois encore, l'incrimination d'homicide à l'égard du fœtus.

Par la suite, d'autres cours d'appel[14] ont appliqué, sans hésitation apparente, la règle établie par la Cour de cassation, exprimée dans l'arrêt du 29 juin 2001 selon lequel : « Le principe de la légalité des délits et des peines, qui impose une interprétation stricte de la loi pénale, s'oppose à ce que l'incrimination prévue par l'article 221-6 du Code pénal, réprimant l'homicide involontaire d'autrui, soit étendue au cas de l'enfant à naître dont le régime juridique relève de textes particuliers sur l'embryon ou le fœtus. »

Ces décisions peuvent surprendre, voire choquer ; il en résulte, comme l'avocat général Sainte-Rose l'a souligné à plusieurs reprises, qu'au regard du Code pénal qui réprime l'homicide involontaire par son article 221-6, la mort accidentelle d'un fœtus est un « non-événement ». Si ce fœtus survit et naît, vivant et viable, mais meurt quelques minutes après sa naissance, ou conserve des

14. Metz, 10 octobre 2003 ; Toulouse, 17 mai 2005.

séquelles, la faute sera constituée. Deux arrêts ont été rendus par la chambre criminelle de la Cour de cassation le 2 décembre 2003, concernant l'un une faute médicale, l'autre un accident de voiture ayant entraîné la mort post-natale. Un arrêt de la même chambre, le 4 mai 2004, a concerné une faute médicale avec séquelles néonatales. **S'il meurt avant la naissance,** il n'y a ni faute ni condamnation pénale. Et, si lors du même accident de la voie publique, le petit chien de la conductrice est tué, il y a faute pénale, si c'est son fœtus, il ne s'est rien passé.

De telles décisions judiciaires sont difficiles à accepter : les parents ne comprennent pas que la mort de leur enfant soit ainsi considérée comme une « mort sans importance » ; pour eux cet « être », même s'ils peuvent admettre qu'il ne soit pas au sens juridique du terme « une personne », avait une présence, une réalité, rationnellement et affectivement plus marquées que celles d'un animal de compagnie. Paradoxalement, la destruction de cet animal serait sanctionnée[15], même si la qualité de personne ne lui est pas reconnue, alors que la disparition d'un enfant en puissance n'est pas juridiquement «qualifiable». **Les parents ont donc, à juste titre, le sentiment que leur enfant est moins qu'un animal, moins qu'un végétal, moins qu'un objet, moins qu'une chose.** Ce sentiment est partagé par d'assez nombreux magistrats qui se rebellent et contestent. En revanche, les praticiens sont satisfaits, car le spectre de la sanction, déjà si présent à leur esprit du fait de l'inflation procédurière en matière civile, s'éloigne. À mon avis, ils ont tort: comme le dit la Cour, l'interprétation de la loi pénale est *stricte*, ce qui est très protecteur des intérêts de chacun et l'on ne saurait s'affranchir de ses responsabilités.

Alors, doit-on, peut-on critiquer la Cour? Non, la cohérence de sa position est parfaite et totalement dépendante de la formulation du droit positif.

15. Article R 653-1 du code pénal.

On imagine aisément les dérives auxquelles pourrait conduire une interprétation non stricte de la loi pénale. Comme la Cour l'exprime fortement dans son arrêt, le respect strict de « la légalité des délits et des peines » (c'est-à-dire qu'un délit ne peut être pénalement sanctionné que s'il est formellement réprimé et clairement caractérisé par la loi pénale) est une nécessité absolue, tant pour la protection de l'ordre public que pour la sauvegarde des droits des individus. Quoi qu'on en dise parfois, la Cour applique la loi dans le souci légitime de cette protection et de cette sauvegarde, et l'on ne saurait lui faire grief de la carence législative ; car **c'est le Législateur qui n'a pas rempli sa tâche**, exercé sa mission, en précisant comme il aurait dû le faire, le statut pénal de l'enfant à naître. Nous verrons que certains parlementaires courageux ont tenté de combler ce vide législatif, jusqu'ici sans succès.

Le fœtus « viable » et le droit civil

Certains juristes nous mettent en garde contre une confusion entre le droit pénal et le droit civil. Les justiciables sont certes habitués à l'existence de quelques divergences, pour ne pas dire «incohérences» entre les divers aspects du droit, souvent déplorées par les juristes eux-mêmes. Les plaignants qui attaquèrent médecins ou chauffards dans les affaires indiquées ci-dessus auraient probablement eu gain de cause et obtenu une indemnisation (pour préjudice moral) s'ils avaient préféré suivre la voie civile plutôt que la voie pénale. On notera toutefois qu'une telle décision aurait été fondée sur le traumatisme affectif, très réel, subi par les parents et non sur la reconnaissance de la personnalité de l'« être prénatal». On invoque souvent, dans ce cadre, une règle fondamentale du droit, la règle *infans conceptus*[16]; mais cette règle, destinée à résoudre humainement des problèmes successoraux difficiles par une sorte de fiction juridique, comporte trois clauses restrictives dont l'importance est majeure. Pour que l'enfant puisse bénéficier de telles dispositions testamentaires, il faut qu'«il y ait intérêt», mais aussi qu'il naisse «vivant et viable». Cette restriction révèle bien que même du point de vue du droit civil, l'être non-né, n'est pas considéré comme existant; s'il meurt avant la naissance, il ne représente rien.

---

16. *Infans conceptus pro nato habetur quoties de commodis ejus agitur.* «L'enfant conçu est réputé né chaque fois qu'il y va de son intérêt.» Règle reconnue comme principe général du droit depuis l'arrêt de la première chambre civile de la Cour de cassation du 10 décembre 1985.

Le fœtus viable et ses parents

Absent au regard du droit, le fœtus est pourtant terriblement présent à l'esprit des parents comme à celui des praticiens qui prennent soin de lui. Pour les uns comme pour les autres, il est déjà «l'enfant». C'est la perception intuitive de cette présence – renforcée aujourd'hui par tous les moyens d'investigation, depuis la banale auscultation des bruits du cœur, jusqu'à l'enregistrement électronique ou sonore et plus encore l'échographie – qui lui confère cette «personnalité[17]» et qui procure cette sensation de perte d'un être cher lorsque survient sa mort. Les liens avec son

17. Différente du concept juridique de personne au sens du droit pénal.

environnement direct, sa mère, au premier chef, mais aussi plus lointain, par exemple avec son père, ont fait l'objet de nombreux travaux. Ceux-ci en démontrent la « réalité » – notamment par l'enregistrement des modifications du rythme cardiaque fœtal en réaction à diverses sollicitations acoustiques – et sont de plus en plus reconnus et pris en compte pour comprendre l'évolution ultérieure, psychologique et comportementale, du futur adulte. Il en va de même des échanges biologiques, hormonaux ou cellulaires, qui interviennent au cours de la grossesse entre la mère et l'enfant et qui constituent des éléments relationnels forts, liés par exemple à la persistance de cellules fœtales, pendant des années, dans l'orga nisme maternel. Il devient ainsi impossible de tirer un trait sur cette relation et d'abandonner cet « enfant » à la vacuité d'une non-existence juridique.

Le fœtus et les praticiens : un patient ?

Lors de la réflexion de la Cour de cassation sur une des affaires citées plus haut, l'avocat général en charge du dossier consulta, en mai 2002, l'Académie de médecine en lui demandant si, pour le corps médical, le fœtus et particulièrement le fœtus viable était un patient. Notre réponse fut sans équivoque : **oui, le fœtus est pour nous un patient.** Il est un patient parce qu'il est, de notre part, l'objet de soins, qu'il s'agisse de la mise en œuvre de moyens d'investigation à visée diagnostique, non seulement les enregistrements ou les échographies, mais aussi des actes plus « pénétrants », tels que des prélèvements tissulaires et sanguins, ou de la mise en œuvre de thérapeutiques, de plus en plus diversifiées et espérées efficaces, jusqu'à l'éventualité de chirurgie fœtale. À l'évidence, pour nous comme pour ses parents, il n'est bien entendu pas une chose, car il possède les potentialités de la vie et en porte tous les espoirs.

Le fœtus viable n'est ni juridiquement ni médicalement une personne

La Cour l'affirme, il n'est pas une « personne » puisque les circonstances, en particulier médicales, font que l'on est parfois obligé de le détruire, quels que soient nos regrets et notre tristesse. Une telle décision est fondée, par exemple, sur la menace que sa présence fait courir à la vie de sa mère ; ou sur la conviction que sa propre vie sera une suite de souffrances que nous ne nous sentons pas (à tort ou à raison) le droit de lui imposer et que ses parents, qui auront la charge de l'élever, se refusent à accepter. Toutes ces situations, régies par le code de la Santé publique, montrent bien, par leur simple énoncé, qu'il ne s'agit pas d'une personne, sinon la même attitude à l'égard de sa destruction serait admise pour une «personne» née. Un exemple le révèle particulièrement: le cas de l'anencéphale évoqué plus haut. Le moment du diagnostic varie, mais une fois acquis, lorsque la mère le demande, la destruction de cet être est admise, avant sa naissance, même par les protecteurs les plus acharnés de la vie fœtale, parce que la mort est inéluctable, à très court terme. Cet argument justifierait-il l'euthanasie d'un nouveau-né, fut-il anencéphale? À l'évidence non, et cette différence confirme bien la distinction qui s'impose à tous les observateurs de bonne foi entre l'«être non né» et la «personne» née, malgré l'évidente «continuité ontologique».

Le fœtus viable est donc un être spécifique

D'autres situations, bien connues des cliniciens, révèlent la remarquable «spécificité» du fœtus. Il est des circonstances où celui-ci, de par son volume, ou son orientation dans l'utérus maternel (ce que nous appelons la «présentation ») rend la naissance impossible par les voies naturelles et impose aujourd'hui le recours à la césarienne. Les progrès accomplis par la médecine, au cours du XXe siècle, permettent en effet d'éviter la conséquence, habituelle autrefois, de cette intervention : la mort. Autrefois, la seule solution accessible et susceptible de protéger la vie maternelle était le « morcellement » du corps fœtal (l'« embryotomie ») et son extraction progressive[18]. Cette destruction de la vie fœtale pour protéger la vie maternelle était parfaitement acceptée, y compris par les autorités religieuses[19]. Un problème du même ordre se trouve

18. Claude SUREAU, *Fallait-il tuer l'enfant Foucault ?*, Paris, Stock, 2003.

19. Autorités juives : « Si une femme a un accouchement difficile, c'est-à-dire mettant sa vie en danger, on a le droit de couper l'enfant dans son sein et de le sortir membre par membre, car la vie de la mère l'emporte sur celle de l'enfant », *Ohalot*, VII.6.

Autorités chrétiennes : « Une inévitable cruauté amène à sacrifier l'enfant lorsque, placé de travers à la sortie, il

posé au praticien en présence du décès subit d'une femme enceinte dont le fœtus est considéré comme viable. On a vu plus haut les réflexions historiques auxquelles conduisait l'observation ou même seulement la crainte de cette mort dans la perspective du baptême de l'enfant, viable ou non. Ici, il s'agit d'extraire, bien entendu par césarienne d'extrême urgence, le fœtus afin de sauvegarder sa vie et peut-être surtout son intégrité cérébrale. On sait aujourd'hui, d'après des observations précises, que le délai dont on dispose pour effectuer cette extraction est de l'ordre de 17 à 18 minutes après la mort de la mère; d'où la question: a-t-on le «droit» de faire subir au corps de la mère ce «viol de cadavre»? Que constituerait cette intervention, effectuée non dans l'intérêt de la femme puisqu'elle est morte, mais dans celui

---

rend impossible l'accouchement, devenant ainsi le meurtrier de sa mère, s'il n'était lui-même destiné à mourir; sacrifier l'enfant pour sauver la mère est un homicide, regrettable, mais nécessaire *(necessaria crudelitate)*», Tertullien, *De anima*, IIe-IIIe siècle après J.-C.

de son enfant, qui au regard de la loi, n'est pas une « personne » ?

Référons-nous à l'article 16-3 du code civil, article d'ordre public : « Il ne peut être porté atteinte à l'intégrité du corps humain qu'en cas de nécessité médicale pour la personne ou à titre exceptionnel dans l'intérêt thérapeutique d'autrui [notion importante commentée p. 58]. Le consentement de l'intéressé doit être recueilli préalablement hors le cas où son état rend nécessaire une intervention thérapeutique à laquelle il n'est pas à même de consentir. »

Remarques concernant l'article 16-3 cité plus haut et le concept de « convenance »

Cette formulation mérite en effet d'être explicitée : sa rédaction antérieure, incluse dans la loi sur l'interruption de grossesse de 1975 parlait de nécessité « thérapeutique » pour la personne ; elle était critiquée en raison de l'application restrictive qui en était faite par la Cour de cassation à propos des stérilisations chirurgicales. Celle-ci, en effet, n'admettait la stérilisation que pour des raisons « thérapeutiques » caractérisées, en récusant les indications qualifiées de « convenance ». Vaste débat que celui de la « convenance » en médecine, et qui n'est pas prêt d'être clos. Qu'est-ce que la « convenance » lorsqu'il s'agit de contraception ? Et l'on se rappelle les critiques acerbes, qui nous paraissent aujourd'hui d'un autre âge, contre la loi Neuwirth de 1967[20]. Qu'est-ce que la convenance, lorsqu'il s'agit d'interruption de grossesse, et l'on se rappelle les convulsions sociétales, jusque dans l'enceinte du Parlement, lors du vote de la loi Veil ? Qu'est-ce que la « convenance », lorsqu'il s'agit d'admettre la modification de sexe réclamée par des transsexuels aux prises avec le drame lié à la conviction d'avoir été victime d'une « erreur de la nature » en se trouvant prisonnier d'un genre qui n'est pas le leur ? Et l'on se rappelle leur

---

20. Loi au sujet de laquelle le révérend père Riquet s'est prononcé : voir note 5, p. 26.

longue attente jusqu'à ce que l'arrêt Botella de la Cour européenne des droits de l'homme impose à la Cour de cassation en 1992 un total revirement jurisprudentiel. Oserais-je rappeler qu'il fallut attendre un décret de Madame Veil, en 1994, pour que la demande de sédation des douleurs de l'accouchement (péridurale) cesse d'être considérée comme une exigence de pure convenance et soit prise en charge par l'assurance maladie? Le même problème ne s'est-il pas posé lorsque la demande de prise en charge des interventions visant à corriger les redoutables conséquences des mutilations sexuelles féminines reçut, dans un premier temps, une réponse négative, fondée sur le fait qu'il s'agissait de la satisfaction d'une «convenance [21] »? Le désir d'enfant ne correspond-il lui aussi qu'à une motivation de convenance,

21. Réponse heureusement rapidement corrigée: «Les mutilations sexuelles féminines, un autre crime contre l'humanité», Colloque de l'Académie de médecine et de l'Institut Théramex, *Équilibres et Populations*, Paris, 10 juin 2004 (publication du mois de juillet 2005).

conduisant, lorsque la grossesse ne survient pas « naturellement » à recourir à l'assistance médicale ?

Les réponses à ces questions ne peuvent être que nuancées et individuelles. **Mais qui osera les formuler ? Sur quels critères ? Qui osera porter un jugement moral ?**

Dans le même ordre d'idées, la Cour refusait donc d'admettre la licéité (le caractère licite) des demandes de stérilisation à visée contraceptive, malgré les prises de position fortes des couples et des praticiens, jusqu'à ce qu'une évolution législative intervienne. Une première modification de l'article 16-3, obtenue grâce à l'action de Madame Gillot, lorsqu'elle était secrétaire d'État à la Santé[22], remplaça le terme « thérapeutique » par le terme « médical », d'interprétation beaucoup plus souple. Puis, la loi du 4 juillet 2001, relative

22. Loi du 27 juillet 1999.

à l'interruption de grossesse et à la contraception reconnut la licéité de la stérilisation, qu'elle soit masculine ou féminine, considérée ainsi comme une modalité particulière de contraception. On notera à ce sujet que, contrairement aux craintes parfois exprimées, on n'a observé aucune dérive en France quant à l'extension redoutée des indications de cette intervention ; preuve de la conscience qu'a le corps médical de l'importance de ses responsabilités ; certains parleront peut-être de « paternalisme ».

Le fœtus n'est pas, non plus, « autrui »

L'article 16-3 n'est pourtant pas fondamentalement modifié, et cette remarque nous ramène au problème de la césarienne sur femme morte : le deuxième paragraphe autorise bien évidemment l'intervention, du fait de l'urgence et hors consentement de l'intéressée ; mais y a-t-il « intérêt médical pour la personne », c'est-à-dire pour la mère ? Bien évidemment non. Y a-t-il alors « intérêt thérapeutique pour autrui » ? Là encore, non, puisque, comme la Cour de cassation nous l'a confirmé, le fœtus n'est pas « autrui ». Cette question n'est pas mineure, en dépit de la rareté de ces situations. On a vu des familles s'opposer, parfois par la force, à de telles naissances *post mortem*, pour des raisons diverses comme la conviction, très compréhensible, de la nécessité du respect absolu dû au corps humain après la mort, associée à la conviction, peut-être plus discutable, de l'inexistence de l'être tant qu'il n'est pas né (et nous retrouvons ici sous une autre forme le dilemme de l'être et de la personne). D'autres considérations ne sont pas nécessairement exclues, et, parmi elles, l'attention portée à des conséquences patrimoniales. Le fœtus extrait ainsi, « vivant, viable et y ayant intérêt », devient l'héritier naturel de sa mère, par application de la règle *infans conceptus*.

Peut-on lui refuser des soins ?

Il faut aller plus loin encore dans les réflexions fondées sur des expériences cliniques précises :

dans la situation évoquée précédemment, il s'agissait de violences exercées éventuellement sur un cadavre. **Un problème plus grave se trouve posé lorsque l'intervention salvatrice pour l'enfant est refusée par la mère de son vivant,** en application de la règle éthique et juridique, volontiers tenue pour absolue, du respect de l'autonomie de l'individu compétent et de la dignité de la personne. Un exemple probant est apporté lorsque la naissance immédiate par césarienne est rendue nécessaire par un phénomène pathologique brutal, tel qu'une «procidence du cordon» survenant en tout début du travail de l'accouchement : la poche des eaux s'étant rompue, l'écoulement du liquide amniotique, trop rapide, entraîne le cordon ombilical au-delà du col, dans le vagin, où il risque, très rapidement, d'être comprimé entre la tête de l'enfant et les parois du bassin, provoquant ainsi l'interruption des échanges d'oxygène entre la mère et l'enfant. La situation est analogue à celle que créée la mort maternelle ou le décollement prématuré du placenta : le risque est majeur et le délai pour agir, court. Ici, le risque concerne exclusivement l'enfant, la mère ne risque rien. Il s'agit donc d'une indication de césarienne « purement fœtale ». Dans l'immense majorité des cas, la patiente accepte cette décision sans l'ombre d'une hésitation, mais il arrive qu'elle la refuse. Il s'agit souvent de patientes immigrées, d'origine africaine, ne parlant pas notre langue, brutalement confrontées à un univers médical que les Françaises elles-mêmes trouvent parfois dur, voire inhumain : alors qu'elles subissent les douleurs du travail, elles perçoivent soudainement la survenue d'un événement anormal, l'agitation de l'équipe obstétricale, et on leur annonce sans grand ménagement la nécessité de leur ouvrir le ventre. Elles ne comprennent pas toujours bien les termes, les enjeux et les risques. La peur les conduit à refuser l'intervention et, parfois, certaines d'entre elles tentent de s'échapper. Dans d'autres circonstances, moins urgentes, elles refusent l'intervention pour des raisons qu'il nous faut analyser avec soin : l'impression, culturelle, de dévalorisation sociale, pour n'avoir pas pu accoucher «comme tout le monde»; ou la conscience, qui n'est pas absurde, que leur utérus sera porteur d'une cicatrice et que, lors d'un accouchement ultérieur, éventuellement dans leur pays d'origine, et donc dans des conditions sanitaires plus précaires, cette cicatrice pourra se rompre et provoquer leur mort.

Comment proposer une réponse éthique?

Tout ceci est complexe et ne doit pas être pris à la légère. Le Comité consultatif national d'éthique (CCNE) dans son avis[23] relatif au «refus de traitement et à l'autonomie de la personne» a judicieusement insisté sur la nécessité pour l'équipe médicale d'anticiper ce type de situation en pré venant soigneusement les futures parturientes (devant enfanter) des diverses éventualités. Mais l'urgence est parfois là, hors de toute anticipation possible. Il est alors opportun de négocier avec

23. Avis 87 du 14 avril 2005.

insistance pour obtenir l'accord : recours à des interprètes, à la famille. L'expérience montre qu'en général on peut y parvenir ; mais que faire, si l'opposition persiste ? Rappelons-le, il n'y a ici aucun « intérêt médical ni thérapeutique » pour la personne considérée, la parturiente. On ne peut même pas étendre le concept d'intérêt médical à la sphère psychologique, puisque celle-ci refuse l'intervention en acceptant les conséquences délétères de son refus pour l'enfant qu'elle porte. Dans une telle circonstance, l'opinion du CCNE prend tout son relief, puisqu'il considère, bien que ce fœtus ne soit pas encore une personne, qu'il serait peu éthique de se référer aux risques judiciaires éventuels ou au respect absolu de l'autonomie maternelle, et d'accepter ainsi la mort de l'« être en devenir ».

Prise de position majeure, par les conséquences que l'on peut en tirer dans le cadre de notre présente réflexion : le CCNE souligne implicitement le caractère insatisfaisant de l'article 16-3, de l'absence de définition du statut de l'« être prénatal » dans le droit positif, et des conséquences que la Cour fut dans l'obligation d'en tirer à propos de sa destruction.

Cette difficulté n'est d'ailleurs pas propre à la France. Les pays anglo-saxons aussi l'ont rencontrée : un refus de césarienne par une mère en cours de travail conduisit à la réunion en urgence d'un tribunal londonien, avec avocat de la patiente, avocat du fœtus et jury. La solution, habile, du tribunal – conscient de la gravité que revêtirait une décision d'abstention chirurgicale pour la vie de l'enfant, mais aussi de la difficulté d'abandonner le sacro-saint respect de l'autonomie décisionnelle des individus – fut de décider que la femme en travail, du fait des douleurs ressenties, et de son angoisse, n'était plus « compétente ». On considéra qu'elle n'était pas en état d'exprimer un avis s'imposant à l'équipe médicale. On pratiqua donc la césarienne.

Dans un cas américain, non urgent, on proposa à une patiente enceinte de six mois, atteinte d'un mélanome en phase terminale (type de cancer de la peau), la naissance par césarienne de son enfant malgré sa grande prématurité. Elle refusa, mais le tribunal l'y contraignit. Elle eut ainsi la satisfaction toute relative d'embrasser son enfant avant la mort de celui-ci et la sienne propre qui survint peu après.

Un autre cas américain est actuellement pendant devant la cour de l'État d'Utah : Melissa Rowland, mère de six enfants, dont deux abandonnés et un retiré par les services sociaux, a subi deux césariennes et refuse la troisième, rendue nécessaire par une grossesse pathologique et gémellaire. Du fait de son refus, l'un des jumeaux est mort, **d'où une inculpation pour homicide** (cette incrimination étant applicable, dans cet État, au décès fœtal).

Comme on le voit, à l'étranger aussi, la situation juridique de l'« être prénatal » est très ambiguë. Le refus de césarienne réalise une situation extrême ; mais il en est d'autres plus subtiles. On notera, par exemple, l'éventualité, aux États-Unis, de poursuites à l'encontre d'une femme enceinte pour *« irresponsible behavior »* (comportement irresponsable), lorsque son addiction à l'alcool ou à la drogue représente un danger avéré pour son enfant. Ces poursuites peuvent conduire à l'incarcération. Il en est de même, en Suède, en cas de refus de traitement anti-sida en cours de grossesse. Attitude qui nous surprend, à la fois d'un point de vue médical et humain, mais aussi strictement juridique, puisque de telles décisions sont fondées sur le désir de protection d'une « personne » qui n'existe pas ou pas encore.

Un statut pour l'« être prénatal »

L'« être prénatal » viable, présente ainsi en France, l'étrange particularité d'être : pour ses parents, déjà un enfant, dont les mouvements sont ressentis par sa mère, dont les battements du cœur sont audibles par son père, dont la « photographie échographique » est offerte à l'admiration de tous ; d'être pour les praticiens un « patient » dont ils surveillent jalousement la santé, ce qui peut les conduire à lui faire subir des investigations ou des traitements ; dont on est parfois amené, pour des raisons jugées légitimes, à envisager la destruction en application du code de la Santé publique ; qui ne peut hériter que s'il naît vivant, viable, et qu'il y ait intérêt, mais dont la destruction accidentelle ne suscite, de la part du droit pénal, qu'une indifférence polie. Est-il une personne ? Non. Est-il une chose ? Toujours non. Alors, qu'est-il ? Il nous faut une réponse.

Embryons implantés et fœtus « non viables »

Il existe des points communs entre le fœtus viable et le fœtus non viable puisqu'il s'agit de deux moments de l'évolution des mêmes « êtres[24] » ; mais il existe aussi des différences notables.

La première a trait à l'âge ; il peut s'agir de fœtus proches de la « viabilité », dont les mouvements actifs sont éventuellement perçus. Il peut s'agir aussi d'embryons que seule a révélés l'échographie. Ces êtres sont exposés à un risque majeur de disparition spontanée. Ce risque est couramment évalué à environ 50 %. En présence

24. Ce que nous avons appelé, plus haut, la « continuité ontologique ».

d'une telle disparition, son caractère spontané ou provoqué par un événement intercurrent ne peut souvent être déterminé avec certitude. Il devient difficile, voire impossible, d'invoquer une quelconque responsabilité à son origine.

Par ailleurs, même si la perte d'un embryon ou d'un fœtus jeune, volontaire ou non, peut représenter un important traumatisme affectif, il ne saurait avoir l'intensité des morts plus tardives ; c'est bien la raison pour laquelle l'attention portée aux corps ou aux tissus de tels organismes ne soulève pas le même intérêt.

Cette période est aussi, jusqu'à la fin de la quatorzième semaine[25], celle où peut être réalisée une interruption de grossesse pour détresse, dont la femme est la seule juge. J'ai dit plus haut pourquoi il me paraîtrait inconcevable que l'on revienne sur cette loi et que mes propos n'ont en aucune manière pour objectif de fournir des arguments en faveur d'une telle révision. Le

25. Loi du 4 juillet 2001.

maintien de cette loi est une nécessité absolue et parfaitement compatible avec la reconnaissance de la spécificité de l'« être prénatal ». Il est d'autres circonstances, en effet, où sa destruction doit être considérée comme une transgression certes, mais comme une transgression acceptée pour des raisons impératives. Comme le dit Marc Grassin[26] : « Assumer la transgression au nom de la responsabilité sans revendiquer la transgression en tant que telle. » Nous allons en envisager quelques exemples.

26. Marc Grassin est philosophe, docteur en pharmacie, docteur en éthique médicale et santé publique.

Cas de destructions légitimes et parfois nécessaires

La «réduction embryonnaire» consiste à détruire un ou plusieurs embryons, lorsque leur nombre peut conduire à la mort de tous, et que **le sacrifice de quelques-uns peut être salvateur pour les autres.** Cette attitude est parfaitement légitime du point de vue médical, même s'il est raisonnable de chercher au maximum à éviter de telles situations.

Dans le cas, malheureusement banal, des grossesses extra-utérines, la vie embryonnaire menace la vie maternelle, et **la destruction de l'une est justifiée par la protection de l'autre.** Mais aujourd'hui, le recours à des substances capables de détruire à distance un tel embryon est médicalement admise afin de protéger l'intégrité de l'appareil génital de la femme.

Aujourd'hui, afin de protéger l'intégrité de l'appareil génital de la femme, la maîtrise de substances capables de détruire à distance un embryon est médicalement admise. L'objectif est alors de protéger cet appareil génital de manière à ce que cette patiente puisse ultérieurement concevoir et enfanter. Il s'agit donc de détruire la vie de l'un, l'embryon, pour protéger non plus seulement la vie, mais l'avenir de l'autre, la femme, et d'obtenir, peut-être, plus tard, l'apparition de nouvelles vies. Cette attitude constitue-t-elle une inadmissible destruction d'un embryon humain ? Est-elle acceptable ? En tout cas, il est clair que ce raisonnement est incompatible avec un statut de « personne » de l'être sacrifié.

Il en va de même dans une situation heureusement rare, mais non sans analogie avec celle de la césarienne *post mortem*. Il s'agit des patientes enceintes en début de grossesse, qu'un événement pathologique (méningo-encéphalite, par exemple) ou traumatique (traumatisme cérébral, éventuellement par arme à feu) a plongées dans un coma irréversible. La question se pose alors de la légitimité de poursuivre artificiellement l'entretien des fonctions vitales dans le but exclusif d'atteindre ce seuil de « viabilité fœtale » qui permettra l'extraction d'un fœtus vivant et espéré en bon état du corps de sa mère morte. Les questions, les obstacles, les réticences sont les mêmes que dans le cas des césariennes *post mortem* ; à ceci près qu'il faut ici suspendre l'échéance inexorable de la mort, attendre parfois plusieurs semaines, dans l'incertitude quant à l'éventualité d'un retentissement d'une situation aussi incertaine sur le développement fœtal, organiser un environnement artificiel le plus convenable possible autour de ce fœtus placé en quelque sorte dans un « incubateur vivant », s'interroger sur les conséquences psychologiques que peut comporter une telle naissance… On comprend les hésitations des praticiens comme des familles. Une telle attitude correspond-elle à ce qu'aurait décidé la mère ? Que faire en cas de désaccord familial ? Et, par-dessus tout, nous sommes ici à nouveau au cœur du problème. Quelle est la « valeur » de cet être ? Justifie-t-elle de tels efforts, de tels investissements et la prise de tels risques ?

On ne se poserait pas ces questions en présence d'une personne née ; le seul fait qu'on se les pose dans ces circonstances révèle bien la spécificité de la nature du fœtus.

L'embryon in vitro : personne, être ou amas cellulaire ?

Voilà peut-être l'interrogation la plus dérangeante. L'embryon conçu naturellement s'implante dans l'utérus maternel le septième jour ; l'embryon conçu par fécondation *in vitro* est « transféré » plus tôt en général, au stade « 4 à 8 cellules », c'est-à-dire au troisième jour. D'où une question majeure à laquelle on ne peut échapper : quand commence la grossesse ? Doit-on considérer que la « fécondation » au sens propre survient lors de l'implantation de l'embryon ? Sémantiquement, cela est exact, la femme est « fécondée » lorsque l'œuf est implanté, et c'est à ce moment que sa grossesse débute ; mais la vie de l'embryon fut initiée plus tôt, lorsque le spermatozoïde a pénétré dans l'ovocyte, c'est-à-dire lors de la « conception ».

Alors, quel est son «statut» entre le 1er et le 7e jour? Voire plus tard, éventuellement des années plus tard, s'il est «cryopréservé», c'est-à-dire congelé? Des divergences d'interprétation apparaissent alors. Elles sont déterminées, il ne faut pas se le cacher, par des présupposés, des croyances, des choix philosophiques ou religieux qui imprègnent notre pensée et notre comportement.

Pour les «spiritualistes» dont la «conviction» éthique fait remonter le début de la personnalité humaine à la constitution du «zygote», c'est-à-dire à la réunion du spermatozoïde et de l'ovocyte, avec, à ce moment, la création simultanée de l'âme éternelle et du corps temporel[27], **il s'agit déjà d'une «personne»** dotée de l'ensemble de ses caractéristiques et attributs[28]. Toute atteinte

27. *Homo est qui venturus est* («Il est déjà un homme celui qui est destiné à devenir un homme»), Tertullien, *Apologétique*, 197 après J.-C.

28. En fait la position officielle de l'Église catholique n'est pas d'affirmer que l'être humain est une personne dès

à son intégrité, toute mise en question de son avenir, toute «utilisation» est «crime abominable» et doit être formellement proscrite. Plus généralement, toute dissociation de l'acte sexuel et de la procréation est condamnable : sont ainsi rejetées, bien entendu, l'interruption de grossesse, mais aussi la contraception [29], et, de manière surprenante pour beaucoup, l'assistance médicale à la procréation [30].

---

la conception, mais qu'il doit être considéré comme une personne dès ce moment; position relativement récente puisque remontant à la fin du XIXe siècle.

29. Encyclique *Humanae Vitae*, 25 juillet 1968.

30. Instruction *Donum Vitae*, 22 février 1987. Voir aussi *Aux débuts de la vie, des catholiques prennent position* (ouvrage collectif), Paris, La Découverte, 1989. Charles THIBAULT, «L'expérimentation sur les animaux et sur l'homme»; Claude SUREAU, «La procréation médicalement assistée»; Michel CHARTIER, «Diagnostic anténatal et médecine fœtale»; Georges DAVID, «Stérilité masculine et insémination artificielle»; Jean MICHAUD, «Science, religion et droit»; Bernard QUELQUEJEU, «Pour une véritable recherche éthique»; Joseph MOINGT, «De nouvelles voies

Pour les « matérialistes », convaincus que tout est déterminé par les seules lois de la matière (par opposition aux spiritualistes qui se réfèrent à l'intervention d'une volonté supérieure), ce zygote n'est qu'un « amas cellulaire », sans personnalité aucune, sans plus de « valeur » qu'un banal globule rouge ; **il est incapable d'exister par lui-même,** et son existence n'a de raison d'être qu'en fonction du « projet parental » dont il est issu. Il est dès lors logique que la « dissolution » du projet parental entraîne la « mise à disposition » de cet amas, qui pourra, selon les circonstances et la volonté des parents originels, être confié à d'autres parents qui fonderont sur lui leur propre projet ou à la science, afin qu'il puisse être « utilisé » pour le bénéfice de l'humanité tout entière.

---

d'approche des problèmes génétiques en théologie morale » ; Paul Valadier, « Cohérence et rigueur d'une pratique ».

Ni matérialistes radicaux ni spiritualistes péremptoires

Il est enfin une catégorie hybride d'individus soucieux d'une «éthique de responsabilité» et qui ne se reconnaissent dans aucune des deux attitudes précédentes. Leurs origines sont diverses. Certains se réclament du «spiritualisme» et croient eux aussi à l'existence de l'âme, mais ils sont conscients des drames liés à la nature humaine, des souffrances que ces drames engendrent.

Ils sont sensibles à l'enseignement évangélique de la compassion et de l'amour d'autrui, à l'appel au respect de l'esprit plus qu'à celui de la lettre, ils font leur la phrase de la si regrettée théologienne protestante, France Quéré: «Toute pitié envers l'homme est piété envers Dieu.» Ils sont frappés par le caractère finalement assez éphémère de bien des positions dogmatiques (comme celles que nous avons citées à propos du baptême des fœtus en imminence de mort ou du retard dans les interventions pour grossesse extra-utérine). Ils sont prêts à admettre la légitimité de la transgression, à condition que celle-ci ne devienne pas à son tour une règle comportementale, mais demeure consciente d'elle-même et déterminée par une réflexion approfondie, en fonction d'intérêts puissants, collectifs ou individuels, soigneusement analysés.

D'autres, agnostiques, n'en considèrent pas moins l'être humain à son extrême début comme porteur, non seulement d'un espoir, mais aussi d'une « valeur intrinsèque », d'une « dignité » qui mérite le respect. Ils retrouvent ainsi le concept de « potentialité de personne », de « personne en puissance », ou « potentielle », tel que le développa le Comité consultatif national d'éthique en 1984[31], sans aller, malheureusement, au bout d'un raisonnement qui aurait pu le conduire à la proposition qui sera la nôtre plus loin. Mais il

31. Premier avis du 22 mai 1984, sur les prélèvements de tissus d'embryons et de fœtus humains morts, à des fins thérapeutiques, diagnostiques et scientifiques.

était alors peut-être trop tôt, les esprits n'étaient pas prêts ; le sont-ils aujourd'hui ?

Au sein de cette troisième catégorie d'intervenants, couples ou praticiens, il est vrai qu'une divergence demeure : pour les premiers, la reconnaissance d'une valeur « en soi » de l'« être prénatal » depuis la fécondation ; pour les seconds, la tendance à faire dépendre la destinée de cet être de la présence d'un « projet parental ». Il faut admettre objectivement l'existence de cette divergence. Elle n'exclut pour autant ni le respect réciproque, ni la cohérence des conséquences qu'ils en tirent (quant aux attitudes concrètes en matière de biologie de la procréation). Ces conséquences sont fondées sur cette éthique de la responsabilité, nécessaire à l'équilibre de la collectivité. Elle découle d'ailleurs naturellement de la rédaction de cet article fondamental du code civil, l'article 16[32].

---

32. Article 16 : « La loi assure la primauté de la personne, interdit toute atteinte à la dignité de celle-ci et

Quoi qu'il en soit, pour les parents qui l'attendent, pour le biologiste qui le voit, pour le gynécologue qui s'est impliqué dans son développement, cet « être prénatal » **est déjà notre frère en humanité, malgré la précarité de son existence,** même s'il n'est pas « déjà un homme », suivant la phrase de Tertullien, qui ne pouvait certes imaginer la fécondation *in vitro*, même si l'existence de son âme est et demeurera sans doute toujours matière à spéculation et source d'incertitude.

Ce n'est pas le moindre mérite de la PMA (procréation médicalement assistée) que d'avoir ainsi révélé, très concrètement, la continuité ontologique de la vie prénatale, et il faut reconnaître la portée profonde de la phrase du grand néphrologue français que fut Jean Hamburger :

garantit le respect de l'être humain dès le commencement de sa vie. » Cet article est intrinsèquement lié au principe à valeur constitutionnelle de sauvegarde de la dignité de la personne humaine.

« Les données scientifiques contemporaines se révèlent impropres à obéir à une morale qui est née sans les connaître. »

C'est alors que se manifeste l'ambiguïté législative et jurisprudentielle, avec ses conséquences médicales, scientifiques et surtout humaines.

Ambiguïté jurisprudentielle concernant l'embryon in vitro

Deux décisions retiennent notre attention :

– Le tribunal administratif d'Amiens, saisi d'une plainte pour destruction accidentelle d'un embryon congelé[33] (une panne de courant avait entraîné la destruction de 512 embryons) estima le 9 mars 2004 qu'il ne s'agissait ni de la mort d'une personne (l'embryon en question n'étant pas sujet de droit), ni de la destruction d'un « objet de droit » appartenant aux parents. Il convenait seulement de prendre en compte leur traumatisme affectif, lié à la perte de chance d'avoir un nouvel enfant ultérieurement et de les indemniser (la

33. Un seul couple entama une procédure.

patiente en question étant en effet enceinte par transfert embryonnaire dans le cadre de la même tentative de fécondation *in vitro*).

Cette décision surprenante ne faisait que reprendre le non moins surprenant arrêt de la cour d'appel de Toulouse dans la déplorable affaire Pirès.

– Maria et Albino Pirès espéraient une grossesse depuis des années[34]; une ultime tentative par fécondation *in vitro*, à l'hôpital de la Grave à Toulouse, aboutit à la conception de quatre embryons; deux furent congelés; deux furent transférés dans l'utérus de Maria. La grossesse débuta, mais une fausse-couche survint et, en allant voir sa femme hospitalisée, Albino se tua en voiture. Maria demanda alors le transfert des deux embryons congelés et essuya un refus de la

34. Voir l'histoire tragique du couple Pirès dans Claude Sureau, *Fallait-il tuer l'enfant Foucault?*, Paris, Stock, 2003, chap. 5.

part du service hospitalier, refus confirmé par le tribunal de grande instance, puis par la cour d'appel de Toulouse. Les attendus de cet arrêt[35] méritent d'être considérés avec attention : les embryons en question n'étant pas des sujets de droit, ils n'avaient pas le « droit » d'être transférés dans l'utérus de leur « mère » ; ils n'étaient pas non plus objets de droit ; leur mère n'avait donc aucun droit sur eux. Ils devaient donc être détruits, et Maria condamnée aux dépens… La première chambre civile de la Cour de cassation n'invalidera que partiellement l'arrêt de Toulouse le 9 janvier 1996, en se fondant sur l'article 9 de la loi de 1994. Juridiquement, elle ne pouvait

35. « L'embryon étant constitué de cellules humaines est hors du commerce et insusceptible d'appropriation, même de la part de la femme ayant donné l'ovule […] ce don ne pouvant avoir pour effet de créer sur lui un droit privatif […] donc […] leur destruction s'impose, aucun texte ni aucun principe de notre droit positif ne rendant l'embryon congelé titulaire de droits », cour d'appel de Toulouse, 18 avril 1994.

faire autrement, encore que cet article se prêtait à diverses interprétations. Maria Pirès sera donc privée du droit de porter et d'élever ces enfants conçus du vivant de son mari, dans le cadre d'un projet parental parfaitement établi.

Pourtant, le 10 novembre 1992, le tribunal d'Angers avait autorisé un enfant né par fécondation *in vitro* deux ans après le décès de son père à revendiquer sa filiation légitime ; la fécondation avait eu lieu le 28 janvier 1991, dans le service de médecine de la reproduction de l'hôpital Tenon, à Paris, que dirigeait alors le professeur Jacques Salat-Baroux. Les magistrats peuvent être humains et les magistrats courageux.

Cette remarque nous conduit à examiner les ambiguïtés et les incohérences législatives.

Incohérences législatives : trois interdictions

L'interdiction de transfert posthume

Ces lois du 29 juillet 1994, la loi 653 portant modification du code civil, la loi 654 concernant le code de la Santé publique, lois bizarrement devenues dans le langage courant, les « lois bioéthiques » (comme si la loi pouvait décider du bien et du mal, alors qu'elle ne peut que définir le permis et l'interdit), avaient en effet été inspirées par un rapport du Conseil d'État, de 1988, sous-titré « De l'éthique au droit ». Or, déjà dans ce rapport apparaissait une confusion entre l'insémination posthume (fécondation d'une femme avec le sperme de son mari décédé) et le transfert posthume d'un embryon (obtenu par fécondation *in vitro* du vivant du couple) dans l'utérus de sa mère, après le décès du père. La différence est pourtant évidente : dans le premier cas, un gamète, le spermatozoïde, qui ne comporte aucune particularité par rapport à toutes les cellules de l'organisme (sauf son nombre de chromosomes réduit de moitié), dans le deuxième, un nouvel être, en l'occurrence porteur de tous les espoirs du couple qui l'a conçu, de son vivant, dans le cadre d'un projet parental précis.

En se fondant sur ces lois, la Cour de cassation interdira donc le transfert demandé en offrant à Maria Pirès le choix crucifiant entre la destruction des embryons concernés et le don à un autre couple. C'est là, à n'en pas douter, la forme moderne du jugement de Salomon. La malheureuse veuve, éprouvée par le décès de son mari, est ainsi tenue de décider de l'avenir de ce qu'il faut bien appeler ses enfants, même s'ils ne sont encore que des embryons congelés : soit assurer leur survie en acceptant qu'ils évoluent dans un autre utérus, puis qu'ils soient élevés par un couple étranger (solution au demeurant inapplicable, car dans une telle hypothèse, les précautions sanitaires, en particulier la recherche du virus du sida, six mois après la conception, rendue impossible du fait du décès du procréateur, ne seraient pas respectées, ainsi que le fit judicieusement observer le professeur Frédérique Dreifuss-Netter) ; soit leur destruction pure et simple, au mépris de la volonté des parents dûment exprimée de leur vivant.

La décision ne fut, semble-t-il, pas appliquée, Maria Pirès n'ayant pas autorisé ce don, et aucun représentant de la loi et de l'ordre n'ayant eu le courage d'imposer cette destruction.

Il est singulier de voir le peu d'attention que la loi porte à la volonté parentale lorsqu'il s'agit de l'avenir d'un être vivant, à la différence de celle qui concerne le devenir d'un être mort, révélée par l'affaire de Saint-Vincent-de-Paul.

La loi « relative à la bioéthique » du 6 août 2004 confirma cette position contestable au plan doctrinal, profondément choquante d'un simple point de vue humain. Lors de la discussion parlementaire, un argument fut souvent invoqué, en particulier au Sénat, argument selon lequel il valait mieux « être mort qu'orphelin » ; affirmation surprenante si l'on considère que quelques mois plus tôt, les mêmes parlementaires avaient soutenu, lors de l'affaire Perruche et de la préparation de la loi Kouchner du 4 mars 2002, qu'il « valait mieux être vivant, bien que malformé, plutôt que mort ». Surprenante désinvolture vis-à-vis de la vie embryonnaire de la part de personnalités généralement enclines à défendre en toutes circonstances le principe de la sauvegarde de la vie humaine, depuis son extrême début. On peut s'interroger sur leurs motivations car, depuis 1994, bien des avis opposés s'étaient exprimés. On peut en citer quelques-uns : l'Académie nationale de médecine, l'Académie des sciences morales et politiques, le Comité consultatif national d'éthique[36], la Commission nationale consultative des droits de l'homme, l'Office parlementaire d'évaluation des choix scientifiques et technologiques, le Conseil d'État lui-même par la voix du groupe de travail Théry[37] et, finalement, l'Assemblée nationale. Lors du vote en première lecture du projet de loi, **toutes ces instances avaient admis le principe de la suppression de l'interdiction du transfert posthume**, dans un cadre chronologique précis (entre 6 et 18 mois après le décès du mari), de manière à éviter des décisions trop précipitées ou trop tardives, susceptibles de perturber aussi bien l'ordre public que les équilibres psychologiques individuels. Malheureusement, le ministre de la Santé, déjà à l'origine de cette clause restrictive dans les lois de 1994, réussit à interrompre le cours de cette prise de conscience opportune. Il obtint du Sénat et de

36. Avis nº 40 du 17 décembre 1993, avis d'autant plus remarquable qu'il modifiait ainsi sa position antérieure.

37. Dont le rapporteur général était Frédéric Salat-Baroux.

l'Assemblée nationale, le rétablissement de cette interdiction inhumaine, qui, à mon avis, ôte, malgré son nom, toute dimension «éthique» à la loi du 6 août 2004. **Les raisons invoquées lors des discussions parlementaires sont vraiment dérisoires**; les raisons profondes demeurent mystérieuses. Heureusement, le Sénat, d'abord réticent, finit par accepter la clause de révision législative au bout de cinq ans. Tout espoir n'est donc pas perdu, mais cette loi comporte d'autres éléments discutables.

L'interdiction du «clonage thérapeutique»

Un élément majeur y est l'acceptation (pour une période expérimentale, il est vrai, limitée) de la recherche sur les **lignées cellulaires** extraites à partir d'«embryons surnuméraires», en raison d'applications cliniques, éventuellement bénéfiques pour de nombreuses affections. Il s'agit d'embryons congelés à la suite d'une fécondation *in vitro*, mais dont les parents ne désirent plus obtenir le transfert et le développement – c'est là ce qu'on dénomme la « disparition du projet parental ». Ces embryons seront donc détruits du fait de cette extraction.

En revanche, la loi rejette formellement, avec menace de sanctions pénales (on appréciera la comparaison avec l'absence de sanction pour la mort d'un fœtus *in utero*...), l'utilisation de ce que l'on appelle parfois le clonage thérapeutique et qu'il vaut mieux appeler la « transposition nucléaire ». Il s'agit d'une « manipulation biologique » consistant à transférer le noyau d'une cellule somatique dans un ovocyte dont on a préalablement extrait le propre noyau. On obtient ainsi une cellule capable, dans certaines circonstances favorables et pour certaines espèces animales, d'aboutir à la formation et à la naissance d'un « petit » (ce fut le cas de la brebis « Dolly »), réalisant donc un « clonage reproductif »; mais la même manipulation peut conduire à la constitution d'une « lignée cellulaire » utilisable, espère-t-on, en thérapeutique humaine. C'est le « clonage thérapeutique » par « transposition nucléaire ».

Il n'est pas question ici d'entrer dans la discussion sur la préférence à accorder au recours à telle ou telle lignée cellulaire, qu'elle dérive de cellules souches extraites d'embryons surnuméraires, qu'elle résulte d'une transposition nucléaire, ou, autre éventualité, qu'elle soit obtenue à partir d'organismes adultes ou de sang fœtal. Il suffit de rappeler la position officielle des deux académies, des sciences et de médecine, en date du 10 juin 2002 : aux termes de celle-ci, la seule attitude scientifiquement et médicalement fondée consiste en l'étude comparative, chez l'animal puis chez l'homme, sans préjugé idéologique, des bénéfices et des risques des divers types de lignée, pour chaque indication potentielle.

L'interdiction du recours à la transposition nucléaire et la préférence accordée aux recherches sur les « embryons surnuméraires » sont néanmoins surprenantes : **ces derniers, en effet, sont indiscutablement des embryons humains ;** ils furent conçus à la demande de leurs parents, dans le cadre d'un projet formellement exprimé.

En revanche, que ce soit d'un point de vue biologique, philosophique ou religieux, on ne saurait définir avec précision ces organismes étranges, produits par la technique biologique de la transposition nucléaire. Sont-ce, eux aussi, des « embryons », ce que semble démontrer leur aptitude, chez certaines espèces, à devenir des fœtus, des nouveau-nés, puis des adultes, comme Dolly ? Mais cette aptitude, non dépourvue de risques, est plus qu'incertaine chez les espèces dites supérieures, singes et hommes. Sont-ce alors, seulement, des produits de laboratoire, des sortes de « médicaments biologiques », comme ceux que le « génie génétique » nous fournit couramment aujourd'hui ? *A fortiori* si des précautions techniques permettent d'empêcher toute évolution vers la création d'un nouvel être et restreignent cette évolution à la constitution d'une simple lignée cellulaire ? En tout état de cause, le problème méritait, et mérite toujours, une réflexion approfondie. Soyons reconnaissants au député et ancien ministre de la recherche, Roger-Gérard Schwartzenberg d'avoir mis l'accent sur cette nécessité en déposant une proposition de loi[38] le 25 mai 2005.

La loi de 2004 a ainsi délibérément choisi de sacrifier des embryons humains à l'intérêt de la société – ce qui est parfaitement admissible pour des objectifs médicaux précis, d'autant qu'il sera toujours possible, pour des raisons personnelles liées à l'« éthique de conviction », de se refuser à recourir à ces thérapeutiques éventuelles. L'évolution par rapport aux lois de 1994 est néanmoins sensible : ces dernières étaient centrées sur la procréation, le projet parental, la protection de l'enfant à venir et des futures générations. Comme on vient de le voir, les objectifs présents dans la loi de 2004 sont d'une autre ampleur, puisqu'il s'agit de promouvoir des recherches utiles à la collectivité tout entière. Il faut d'ailleurs noter que s'il

38. Proposition nº 2346, « Autoriser les recherches sur le clonage thérapeutique ».

n'y avait pas eu cette extension des possibilités techniques, il est très douteux que la loi ait été réformée substantiellement. On peut aller jusqu'à dire que, pour de nombreux parlementaires, ces lois de 1994 répondaient à une demande limitée de la population, concernée individuellement par l'infécondité ou le risque de malformation fœtale, que cette demande avait été satisfaite et qu'il convenait de s'en tenir là.

Les lignées cellulaires et leurs éventuelles applications ont tout bouleversé

Peut-être les parlementaires ont-ils été plus sensibles à la mise au point de traitements dont ils pourraient un jour bénéficier, eux ou leur famille, qu'aux préoccupations d'une fraction somme toute réduite de la collectivité et de leur électorat. Mais, ce faisant, un élément déjà peu présent en 1994 a vu son importance encore réduite : je veux précisément parler de l'« être prénatal », qu'il s'agisse du fœtus ou de l'embryon, que celui-ci soit implanté ou encore *in vitro*.

L'interdiction des «études» sur embryons vivants, suivies de leur transfert dans l'utérus maternel et de leur éventuel développement

Un autre aspect de cette attitude ambiguë à l'égard de l'embryon humain a conduit à une disposition surprenante de la loi. Celle-ci, en effet, prévoit bien l'éventualité de recherches sur des embryons conservés *in vitro*, soit des embryons «surnuméraires» dont on extraira les lignées cellulaires mentionnées ci-dessus, soit des embryons anormaux avec l'objectif médical de comprendre l'origine et la nature de l'anomalie. Cette éventualité est parfaitement légitime, voire nécessaire (bien évidemment, de tels embryons seront ensuite détruits). Il en va de même des recherches qu'il sera de plus en plus indispensable de mener sur les gamètes afin d'analyser les causes des anomalies congénitales. Il faut bien prendre conscience que le développement des outils modernes du diagnostic prénatal nous entraîne dans une spirale infernale d'élimination de ces êtres que nous savons, ou que nous supposons, anormaux.

La seule manière de maîtriser cette évolution mortifère est de développer la recherche, y compris la recherche sur les embryons. Cela entraînera effectivement la disparition de certains d'entre eux, mais dans une perspective positive, celle de pouvoir protéger, plus tard, ceux que nous sommes contraints de détruire aujourd'hui, non sans tristesse et regret. Le problème est assez comparable à celui évoqué à propos de la grossesse extra-utérine : détruire l'embryon situé dans la trompe, pour permettre à la femme d'avoir ultérieurement un enfant. Ici, il s'agit de détruire des embryons actuels pour comprendre l'origine de leur anomalie, de manière à être en mesure d'en prévenir la survenue sur des embryons futurs et d'éviter de les éliminer. Le problème est que la loi exclut l'éventualité d'« études » (« ne portant pas atteinte à l'embryon ») qui pourraient être suivies du transfert de l'embryon dans l'utérus de sa mère, afin qu'il s'y développe. On peut comprendre le souci du législateur : éviter la constitution accidentelle de défauts anatomiques ou fonctionnels susceptibles de retentir sur la santé du futur être. Mais il devient dès lors impossible de mener de telles études (rappelons la formulation «ne portant pas atteinte à l'embryon»), concernant par exemple les milieux de nutrition et de culture des embryons *in vitro.* C'est là une lacune regrettable qui dépasse le cadre technique strict de la fécondation artificielle : **elle rend irréalisable le développement d'une véritable «médecine de l'embryon»** qui fait l'objet, depuis des années, dans l'indifférence générale, des appels de Georges David et de l'Académie nationale de médecine[39]. Or cette médecine de l'embryon est indispensable, pour améliorer les résultats de la fécondation *in vitro* certes, mais bien au-delà pour comprendre les mécanismes multiples qui compromettent la

---

39. Rapports et recommandations du 13 février 1996, du 23 juin 1998 et du 8 janvier 2002.

Le professeur Georges David est membre titulaire de l'Académie nationale de médecine. Il fut à l'origine de la création des Centres d'étude et de conservation du sperme humain (CECOS).

fécondation et le développement des nouveaux êtres, obtenus par procréation naturelle ou artificielle.

Cette attitude est révélatrice d'une philosophie qui conduit à préférer la destruction d'embryons (ou de fœtus) anormaux au traitement de leur anomalie, alors que, comme tout « patient », ils devraient pouvoir bénéficier de « protocoles thérapeutiques » strictement encadrés.

Le législateur qui ne sait comment définir cet « être prénatal », ni ses droits ni les devoirs qui sont les nôtres vis-à-vis de lui, préfère le considérer comme un matériau expérimental, alors que ses parents l'espèrent et que nous sommes prêts à le soigner.

Pour conclure ces remarques sur les ambiguïtés et les incohérences législatives, il convient de rappeler le libellé de l'article 16 du code civil, article d'ordre public, et de portée constitutionnelle, cité plus haut. Il y est question du respect dû à l'être humain depuis le commencement de sa vie. Or, que dit le Conseil constitutionnel dans son avis exprimé le 27 juillet 1994, en réponse à la saisine parlementaire concernant la loi promulguée le 29 ? « Le Conseil considère que le Législateur a estimé que le principe du respect de tout être humain dès le commencement de sa vie n'est pas applicable aux embryons *in vitro.* » N'est-ce pas là véritablement une étrange manifestation d'ambiguïté, d'autant plus surprenante qu'elle émane de l'institution précisément chargée de vérifier la cohérence entre la Constitution et les dispositions législatives, et de censurer celles-ci en cas de manquement ?

L'ambiguïté doit cesser

On comprend les hésitations politiques alors que ce problème du « statut de l'embryon et du fœtus » fait encore l'objet d'âpres polémiques, plus d'ailleurs à l'étranger qu'en France.

On ne peut toutefois demeurer sous le règne de l'insécurité juridique et de l'incohérence, dont nous avons vu les divers aspects. La rédaction très équilibrée de l'article 16 du code civil, comme celle de l'article 1 de la Convention d'Oviedo[40]

40. Article premier : « Les Parties à la présente Convention protègent l'être humain dans sa dignité et son identité et garantissent à toute personne, sans discrimination, le respect de son intégrité et de ses autres droits et libertés

semblent pourtant nous suggérer une démarche logique dans la mesure où l'une comme l'autre évoquent, dans un balancement harmonieux, ce que pourrait être la solution : **établir une distinction entre la personne, constituée à et par la naissance, et l'« être prénatal », embryon et fœtus, ni personne ni chose, et constituant une troisième catégorie du droit.** Éventualité que des juristes de grande qualité ne considèrent pas comme absurde. Projet que des parlementaires convaincus ont tenté de concrétiser, sans succès[41].

---

fondamentales à l'égard des applications de la biologie et de la médecine. »

41. Cl. Gaillard, 6 février 2002 ; M. Hunault, 15 octobre 2002 ; J.-P. Garraud, 27 novembre 2003. Recommandations de l'Académie nationale de médecine à propos de l'« amendement Garraud », en date du 6 janvier 2004.

Le paradoxe du petit chien

Cette éventualité ne doit pas être absurde, pourtant, puisqu'elle fut évoquée, non pour l'«être prénatal», hélas, mais pour les animaux de compagnie. À la demande de l'ancien garde des Sceaux, Dominique Perben, une magistrate vient en effet de remettre un rapport sur le «statut» dont il serait opportun de faire bénéficier ces animaux. Ce rapport évoque comme une éventualité non déraisonnable et juridiquement acceptable, l'idée de créer pour ceux-ci cette troisième catégorie du droit que je réclame pour les fœtus humains.

Conclusion

L'« être prénatal » n'est ainsi ni une personne, ni une chose, ni un amas de cellules. Il est un patient qui mérite respect, soins et attention. Mais un patient très particulier du fait soit de sa présence dans l'organisme de sa mère, soit de son existence *in vitro* ; du fait de sa fragilité et de ses imperfections qui entraînent sa disparition spontanée dans plus de 50 % des cas ; du fait des menaces qu'il peut faire peser sur la vie et la santé de sa mère ; du fait des menaces qui le concernent directement et dont ses parents ne s'estiment pas en droit de lui imposer les conséquences ; du fait de sa dépendance vis-à-vis du projet parental qui a présidé à sa constitution ; du fait, enfin, de l'utilisation éventuelle de certains éléments de son corps pour le bénéfice d'autres êtres humains, éventualité non fondamentalement différente du recours aux prélèvements d'organes sur personnes décérébrées. Il s'agit donc d'un être spécifique. Com-me tout être humain, il a droit au respect de sa dignité. Une attitude éthique et responsable peut toutefois conduire à transgresser la protection qui lui est due.

C'est une telle réflexion qui devrait s'imposer aujourd'hui aux parlementaires, aux juristes, aux philosophes, aux sociologues et aux praticiens, tout au moins à ceux qui préfèrent se référer à l'éthique de responsabilité plus qu'à celle de conviction, qui préfèrent militer pour une organisation équilibrée de la société plutôt qu'« imposer par la voie législative leurs convictions à ceux qui ne les partagent pas ». Cette réflexion pourrait aboutir à la reconnaissance :

– De l'existence d'une troisième catégorie du droit, celle de l'« être prénatal », non encore une personne, mais qui peut le devenir, certainement pas une chose, et à qui l'article 16 du code civil comme l'article 1 de la Convention d'Oviedo attribuent une dignité et le bénéfice d'un droit au respect.

– D'une évolutivité de la protection qui lui est due tout au long de la poursuite de son existence prénatale.

– De la légitimité d'une protection effective, tant civile que pénale, à partir du terme reconnu internationalement comme celui de la « viabilité », même si cette dénomination correspond à un seuil quelque peu artificiel. Cette protection devrait reposer sur des bases différentes de celles concernant la protection de la personne, à partir de la naissance.

– Du caractère plus nuancé de la protection due à cet être implanté dans le corps de la femme, mais non « viable », laissant au juge, éclairé par l'expert, en fonction des données cliniques, le soin de décider si son éventuelle destruction est ou non assimilable à celle d'un être « viable ».

– De la nécessité de mieux définir celle que requiert l'embryon *in vitro*, tant en ce qui concerne son « utilisation », par exemple comme source de lignées cellulaires, que les soins dont il mérite d'être l'objet en tant que « personne potentielle », porteuse d'espoir.

Notre société est en droit de réclamer, pour les embryons et les fœtus humains vivants, une attention et un respect aux moins égaux à ceux dont on a déploré l'absence pour les corps de Saint-Vincent-de-Paul, et dont on envisage de faire bénéficier les animaux de compagnie.

Claude Sureau

Paris, le 12 septembre 2005.

Remerciements

Tous mes vifs remerciements vont à Aalam Wassef qui a eu l'idée de cette collection originale et a bien voulu s'intéresser à la nature de cet «être prénatal», à mes confrères de l'Académie nationale de médecine où nous discutons depuis longtemps de son destin, aux membres du Comité consultatif national d'éthique qui se sentent concernés par son statut, à mes collègues gynécologues pour qui il est sans hésitation un patient, à Anne Leroux, secrétaire-documentaliste de l'Institut Théramex Bioéthique, Santé de la femme et société, pour sa compétence, son efficacité, et sa disponibilité.

Table

Les fœtus « oubliés » de l'hôpital
Saint-Vincent-de-Paul 9
Un « scandale médical » de plus ? 15
Le fœtus dans l'histoire
de l'obstétrique 17
En quoi a consisté ce « scandale » ? 21
Nous prêtons plus d'attention aux fœtus
morts qu'aux fœtus vivants 25
Ne pas tomber dans le piège de la remise
en cause de la loi sur l'avortement.... 27
La vie « prénatale » : embryon,
fœtus non viable et fœtus viable....... 31
Qu'est-ce que la « viabilité » fœtale ? 33
Le statut pénal de l'enfant à naître :
des exemples concrets 37

Le fœtus « viable » et le droit civil 45
Le fœtus viable et ses parents 47
Le fœtus et les praticiens :
un patient ? 49
Un statut pour l'« être prénatal » 67
Embryons implantés et fœtus
« non viables » 69
Cas de destructions légitimes
et parfois nécessaires 73
L'embryon *in vitro* : personne, être
ou amas cellulaire ? 77
Ambiguïté jurisprudentielle
concernant l'embryon *in vitro* 87
Incohérences législatives :
trois interdictions 91
L'ambiguïté doit cesser 107
Le paradoxe du petit chien 109
Conclusion 111
Remerciements 115

Du même auteur

Fallait-il tuer l'enfant Foucault ?, Paris, Stock, 2003.

Alice au pays des clones, Paris, Stock, 1999.

Le Danger de naître, entretiens avec Laurence de Cambronne, Paris, Plon, 1978.

Ouvrages collectifs

Aux débuts de la vie, des catholiques prennent position, avec M. Chartier, G. David, J. Michaud, J. Moingt, B. Quelquejeu, C. Thibault et P. Valadier, Paris, La Découverte, 1990.

Ethical Aspects of Human Reproduction («Aspects éthiques de la reproduction humaine»), avec F. Shenfield, Montrouge, John Libbey Eurotext, 1995.

L'Humanisme médical, avec M. Mignon, Montrouge, John Libbey Eurotext, 2003.

Imprimé en France par Lightning Source
1 avenue Gutenberg
78310 Maurepas

www.ingramcontent.com/pod-product-compliance
Lightning Source LLC
La Vergne TN
LVHW051402061026
849535LV00009B/3310
* 9 7 8 2 2 2 6 3 9 5 1 2 2 *